INVENTAIRE
R 25892

AF438310

INVENTAIRE

PAUL RIVIÈRE

INVENTAIRE
R 25.892

BIBL. DE FALCONET
DON.

L'ART

DE

BIEN ARGUMENTER

EN

PHILOSOPHIE,

REDUIT

EN

PRATIQUE

PAR

UN VIEUX CAPITAINE DE CA-
VALLERIE, TRAVESTI EN
PHILOSOPHE.

Spectemur agendo.
OVID.

HAMBOURG,

MDCCLIII.

AVERTISSEMENT.

Le public peut compter sur l'autenticité de ces lettres : on est en état d'en produire les Originaux.

LETTRE

DE

Mr. DE MAUPERTUIS

À

Mr. DE VOLTAIRE.

JE vous declare que ma santé est assez bonne pour vous venir trouver par tout où vous serés, pour tirer de vous la vengeance la plus complette. Rendés grace au respect & à l'obéissance qui ont jusques ici rétenu mon bras. Tremblés.

MAUPERTUIS.

A 2 RÉ-

RÉPONSE

DE

Mr. DE VOLTAIRE

À

Mr. DE MAUPERTUIS.

J'AI reçu la Lettre dont vous m'honorés. Vous m'aprenés que vous vous portés bien, que vos forces font entièrement revenues, & vous me ménacés de venir m'affaffiner, fi je publie la Lettre de la BEAUMELLE. Ce procedé n'eft ni d'un Préfident d'Académie ni d'un bon Chrétien tel que vous étes. Je vous fais mon compliment fur vôtre bonne fanté, mais je n'ai pas tant de forces que vous. Je fuis au lit depuis quinze jours, &

je

je vous supplie de diférer la petite ex-
périence de Physique que vous voulés
faire. Vous voulés peut-être me dis-
féquer : mais songés que je ne suis
pas un Géant des terres Auftrales &
que mon cerveau est si petit que la
découverte de ses fibres ne vous don-
nera aucune nouvelle notion de l'ame.
De plus si vous me tués, aiés la bonté de vous souvenir que Mr. de la
BEAUMELLE m'a promis de me
pourfuivre jusques aux Enfers : il ne
manquera pas de m'y aller chercher ,
quoique le trou qu'on doit creufer par
votre ordre jusques au Centre de la
Terre & qui doit méner tout droit en
Enfer ne foit pas encore commencé :
il y a d'autres moiens d'y aller ; & il
fe trouvera que je ferai mal mené dans
l'autre monde comme vous m'avés per-
fécuté dans celui-ci. Voudriés vous ,
Monfieur , pouffer l'animofité si loin?
Ayés encore la bonté de faire une petite attention. Pour peu que vous
vouliés exalter vôtre Ame pour voir

 clai-

clairement l'avenir , vous verrés que fi vous venés m'affaffiner à *Leipzig* , où vous n'êtes pas plus aimé qu'ailleurs & où vôtre Lettre eft dépofée, vous courrés quelque risque d'être pendu ; ce qui avanceroit trop le moment de votre maturité & feroit peu convenable à un Préfident d'Académie. Je vous confeille de faire d'abord déclarer la Lettre de la BEAUMELLE forgée & attentoire à vôtre gloire dans une de vos Affemblées : après quoi il vous fera plus permis peut-être de me tuer , comme perturbateur de vôtre amour propre. Au refte je fuis encore bien foible. Vous me trouverés au Lit , & je ne pourrai que vous jetter à la tête ma feringue & mon pot de chambre. Mais dès que j'aurai un peu de force, je ferai charger mes piftolets *cum pulvere pyrio* , & en multipliant la maffe par le quarré de la Viteffe , jusques à ce que l'action & vous foient reduits à Zero , je vous mettrai du plomb dans le

Cer-

Cervelle ; elle paroit en avoir be-
foin.

Il fera trifte pour vous que les Al-
lemands que vous avés tant vilipendés
aient inventé la poudre , comme vous
devés vous plaindre qu'ils aient inventé
l'imprimerie. Adieu mon cher Préfident.

VOLTAIRE.

*Avertiſſement qui a paru dans les Ga-
zettes litteraires & ordinaires de
Leipzig.*

Un *quidam* aiant écrit une Lettre à
un habitant de *Leipzig* , par laquelle
il ménace le dit habitant de l'affaffiner ;
& les affaffinats étant vifiblement con-
traires aux priviléges de la foire , on
prie tous & un chacun de donner connoiffance dudit *quidam* , quand il fe pré-
fentera aux portes de *Leipzig*. C'eft
un Philofophe qui marche en raifon
compofée de l'air diftrait & de l'air
précipité, l'œuil rond & petit, la per-
ru-

ruque de même, le nez écrafé, la phifionomie mauvaife, ayant le vifage plein & l'efprit plein de lui même, portant toujours fcalpel en poche pour difféquer les gens de haute taille. Ceux qui en donnëront connoiffance, auront mille Ducats de récompenfe affignés fur les fonds de la Ville latine que le dit *quidam* fait bâtir, ou fur la prémière Cométe d'or & de diamant qui doit tomber inceffamment fur la Terre felon les prédictions dudit *quidam* Philofophe & Affaffin.

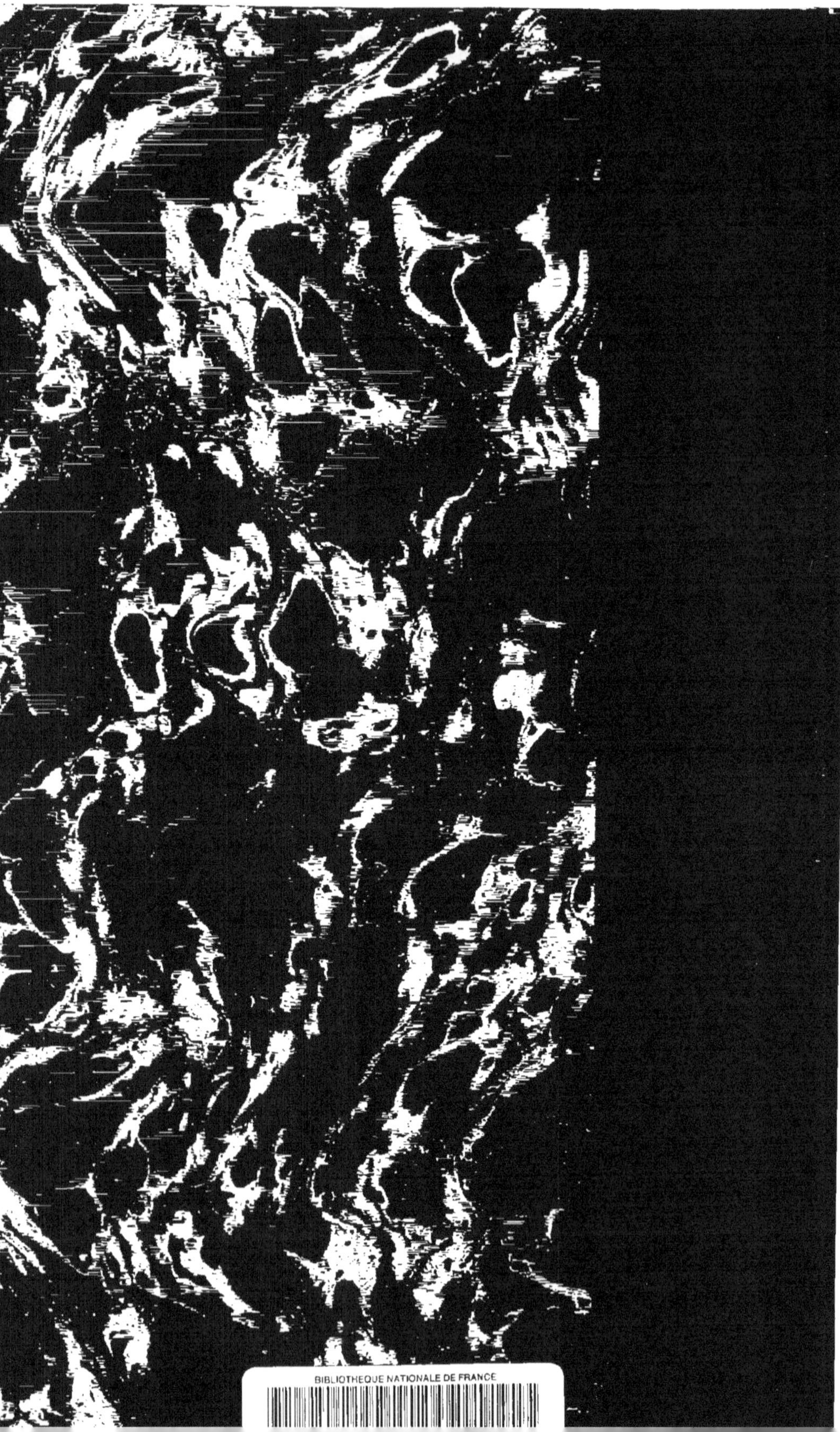

BIBLIOTHEQUE NATIONALE DE FRANCE

www.ingramcontent.com/pod-product-compliance
Lightning Source LLC
Chambersburg PA
CBHW061455050726
47593CB00004B/1627